Daniel Orozco Coronil

Beste Freunde A 1.2
DEUTSCH FÜR JUGENDLICHE

Deutsch als Fremdsprache
Ferienheft – zum Wiederholen und Üben

Hueber Verlag

5. 4. 3.   Die letzten Ziffern
2027 26 25 24 23   bezeichnen Zahl und Jahr des Druckes.
Alle Drucke dieser Auflage können, da unverändert,
nebeneinander benutzt werden.
1. Auflage
© 2020 Hueber Verlag GmbH & Co. KG, München, Deutschland
Umschlaggestaltung: Sieveking · Agentur für Kommunikation, München
Layout und Satz: Sieveking · Agentur für Kommunikation, München
Verlagsredaktion: Laura Schmidt, Hueber Verlag, München
Druck und Bindung: Friedrich Pustet GmbH & Co. KG, Regensburg
Printed in Germany
ISBN 978–3–19–581051–7

Art. 530_22895_001_03

Mein Ferienheft

Schreib deinen Namen und kleb
ein Foto von dir ein.

Name:

Wo bist du? Kleb ein Foto von deinem Ferienort ein oder mal den Ort.

Inhalt

Inhalt

 13 Aufgabe mit Hörtext als MP3-Datei im Internet

Grammatik

schreiben: du schreibst → schreib!
mitbringen: ein Heft → bring ... mit!

Piktogramme und Symbole

Bald gibt es Zeugnisse

1
KAPITEL

A Viktors Blog

A1 Hör zu und lies mit.

Hallo Leute!

Ich bin Viktor Rothaar aus Karlsruhe. Ich bin 13 und gehe in die
8. Klasse. Bald sind Ferien, das heißt, der Stress ist vorbei. 🙂 Aber es
gibt auch noch Zeugnisse. 🎓📰 Mathe finde ich total interessant.
Ich habe vielleicht eine Eins. Aber mein Lieblingsfach ist Kunst, das ist
lustig. Wir schreiben bei Frau Patti keine Klassenarbeiten. Mit Frau Patti
malen und basteln wir viel. Sie ist total cool. Meine Noten in Mathe
und Kunst sind ziemlich gut. Aber Geschichte ist so langweilig. Ich
habe in Geschichte nur eine Vier. 😕

Ich fahre in ein Basketball-Camp nach Innsbruck. Das ist in Österreich.
Zum Basketball-Camp kommen Jugendliche aus allen europäischen
Ländern. Cool, oder? Außerdem habe ich eine Schwester. Sie heißt
Claudia. Sie singt und tanzt gern, deshalb macht sie in den Ferien
einen Tanzkurs. Was macht ihr in den Ferien?

Meine Hobbys sind Sport machen, Lesen, Fan-Artikel von meinem
Lieblingsbasketballverein sammeln und meinen Blog schreiben. 🙂
Und ich treffe natürlich oft meine Freunde, Hanna und Fabian. Am
Samstag gehen wir immer in den Park und spielen Basketball. Was
sind eure Hobbys? Ach, und ich habe auch eine Katze. Sie heißt Lotte.
So, genug für heute. Ich muss noch Sportschuhe und eine Sporthose
für das Basketball-Camp kaufen, deshalb gehe ich jetzt mit meiner
Mama in die Stadt einkaufen. Und dann treffe ich meine Freunde
Hanna und Fabian. Wir gehen ins Kino.

A2 Lies den Blogeintrag in A1 noch einmal. Lies die Sätze 1–7.
Ist das richtig ⓡ oder falsch ⓕ? Kreuze an. Korrigiere die
falschen Sätze.

1. Viktor kommt aus Innsbruck.   r 🗙
2. Viktor fährt in den Ferien in ein Basketball-Camp.   r f
3. Viktors Lehrerin in Geschichte heißt Frau Patti.   r f
4. Viktors Note in Kunst ist nicht gut.   r f
5. Claudia tanzt gern.   r f
6. Viktor spielt am Samstag immer Basketball.   r f
7. Viktor geht mit seinen Freunden ins Kino.   r f

1. Viktor kommt aus

A3 Finde noch sechs weitere Wörter zum Thema *Schule*.
Ergänze den Artikel und den Plural.

KLASSENARBEITZEUGNISSCHÜLERPAUSEFEHLERFACHNOTE

die Klassenarbeit – die Klassenarbeiten,

1

A4 Welche Wörter aus A3 passen? Ergänze. Drei Wörter passen nicht. Hör dann die Dialoge zur Kontrolle.

2

1. ▲ Welche Fächer magst du am liebsten, Christian?

   ● Musik und Sport. In Musik und Sport schreiben wir keine

   _____ (1). Das ist super. Und du?

   ▲ Ach, ich weiß nicht. An der Schule mag ich nur die

   _____ (2). Da kann ich mit meinen Freunden sprechen.

2. ◆ Puh, ich habe ganz viele _____ (3) im Diktat!

   ■ Naja, ich auch – und schon wieder eine schlechte

   _____ (4).

   ◆ Was hast du denn?

   ■ Eine Fünf.

   ◆ Oje…

A5 Ergänze die Fragepronomen. Lies dann den Blogeintrag in A1 noch einmal und beantworte die Fragen.

Welchen Lehrer findest du …?
Welche Lehrerin …?
Welches Fach …?
Welche Fächer …?

1. Welche Fächer mag Viktor? _____

2. Welch____ Lehrerin findet Viktor cool? _____

3. Welch____ Fach findet Viktor langweilig? _____

4. Welch____ Hobbys hat Viktor? _____

5. Welch____ Sport mag Viktor am liebsten? _____

6. Welch____ Freunde will Viktor noch treffen? _____

A6 **Lies Viktors Fragen und beantworte sie. Benutze die Wörter in den beiden Kästen.**

Und du? Wie sind deine Noten? Was sind deine Lieblingsfächer? Wie findest du Bio, Mathe, Deutsch ...? Welchen Lehrer/Welche Lehrerin findest du cool? Schick mir bitte deine Antworten.

| total × sehr × ziemlich | + | blöd × langweilig × cool × interessant × lustig × gut |

Meine Noten waren ... In Deutsch habe ich eine ... und in ...
Meine Lieblingsfächer sind ... Bio finde ich ..., aber ... finde
ich ... und ... ist auch ... Mein Biolehrer heißt ... Er ist ... und
meine Englischlehrerin ...

1

A7 **Was weißt du über deutsche Zeugnisse? Mach das Quiz.**

1. Wie oft gibt es Zeugnisse? ....
2. Wie viele Noten gibt es? ....
3. Was ist die beste Note? ....
4. Was ist die schlechteste Note? ....

> Die Schüler mit schlechten Noten bleiben „sitzen", das heißt, sie müssen die Klasse wiederholen. Wie ist das bei dir? Bleiben die Schüler auch „sitzen"?

1. zweimal, in der Mitte und am Ende des Schuljahres; 2. 6; 3. 1; 4. 6

B ## Wir haben keine Langeweile

B1 **Claudia und Viktor haben Ferien. Was machen sie? Ergänze die Verben in der richtigen Form.**

ich sammle	→	er/es/sie sammelt
ich treffe	→	er/es/sie trifft
ich lese	→	er/es/sie liest
ich fahre	→	er/es/sie fährt

fahren × treffen × fernsehen (2x) ×
spielen × ~~tanzen~~ × lesen × essen

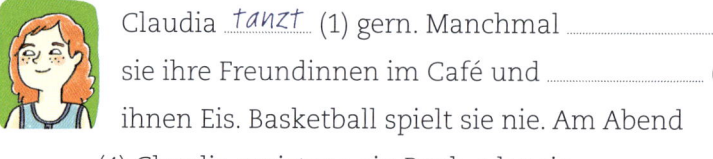

Claudia _tanzt_ (1) gern. Manchmal .... (2) sie ihre Freundinnen im Café und .... (3) mit ihnen Eis. Basketball spielt sie nie. Am Abend .... (4) Claudia meistens ein Buch oder sie .... (5).

Viktor und seine Freunde .... (6) immer Basketball. Manchmal .... (7) er auch allein Skateboard. Am Abend schreibt Viktor oft seinen Blog oder er .... mit Claudia .... (8).

B2 Wie oft machen Viktor und Claudia das? Lies noch einmal die Texte in B1 und ergänze.

0% n_____ → m_____ → o*ff* → m_____ → i_____ 100%

B3 Welche Aktivitäten sind das? Schreib dann deine Freizeit-aktivitäten-Hitparade. Was steht für dich auf Platz 1, 2 und 3?

Ⓐ Ⓑ Ⓒ

tanzen _____ _____ _____

Ⓓ Ⓔ Ⓕ

_____ _____ _____

Meine Hitparade:

1. _____
2. _____
3. _____

B4 Schreib einen kurzen Text über eine Freundin / einen Freund. Verbinde deine Sätze mit *und*, *aber* und *oder*.

Was macht sie/er gern? Wie oft? Was macht sie/er nicht gern?

_____

_____

_____

_____

_____

C Viktor trifft noch seine Freunde

C1 Hör zu. Wohin gehen die Personen? Ergänze die Orte.
Die Wörter im Kasten helfen dir.

3 ((•))

> Schwimmbad ~~Bibliothek~~ Kino
> Eiscafé Sporthalle Park

1. Viktor geht in die _Bibliothek_ .

2. Fabian und Hanna gehen in die _____ .

3. Claudia und Martina gehen ins _____ .

4. Viktor geht in den _____ .

5. Viktor und Claudia gehen ins _____ und dann ins _____ .

C2 Lies die Nachrichten. Ergänze die Orte aus **C1**.
Zwei Orte passen nicht.

> ⟨→⟩ in den
> in die
> in das = ins

Ich gehe heute Vormittag _in die_
Bibliothek (1). Ich muss die Bücher
zurückbringen. 😕 Kommst du mit?

Es ist so heiß. 😕 Ich möchte
gern schwimmen gehen.
Gehen wir _____

_____ (2)?

Heute Abend möchte
ich einen Film sehen.
Kommst du mit

_____ (3)?

Ich gehe gleich mit meinem Hund _____ (4). 🙂
Sehen wir uns dort?

C3 **Tiere in der Stadt? Das ist ja verrückt! Ergänze die Sätze und zeichne den Weg in den Stadtplan.**

1. Das Kamel ist krank. Es geht *ins Krankenhaus* (rakhunasKen)

2. Die Katze hat Hunger. Sie geht .... (ttarunaRes)

3. Der Hund möchte schwimmen. Er geht .... (wimbdScham)

4. Das Pferd will einen Film sehen. Es geht .... (noKi)

5. Der Bär trinkt gern Kaffee. Er geht .... (éCfa)

6. Die Kuh findet Fußball cool. Sie geht .... (doinSat)

D Informationen zum Camp

D1 Lies den Brief. Was muss Viktor mitnehmen? Unterstreiche.

Lieber Viktor,

bald ist es soweit. Am 14. August fängt endlich unser Basketball-Camp an.
Du packst sicher schon deinen Koffer. Nimm <u>Sporthosen</u>, Jeans, Socken und
Sportschuhe mit. Wir machen sehr viel Sport. Wir wandern auch, das heißt,
du brauchst deine Wanderschuhe. Denk bitte an Shampoo und Deo. Bring
bitte ein Handtuch mit und vergiss nicht deine T-Shirts und Unterhosen!
Ihr könnt auch im See schwimmen, denk also an deine Badehose. Nachts
ist es meistens kalt. Deshalb musst du eine Jacke und einen Pullover
einpacken. Du kannst gern ein Kartenspiel mitnehmen.

Dein Team

D2 Ergänze noch die fehlenden Kleidungsstücke.

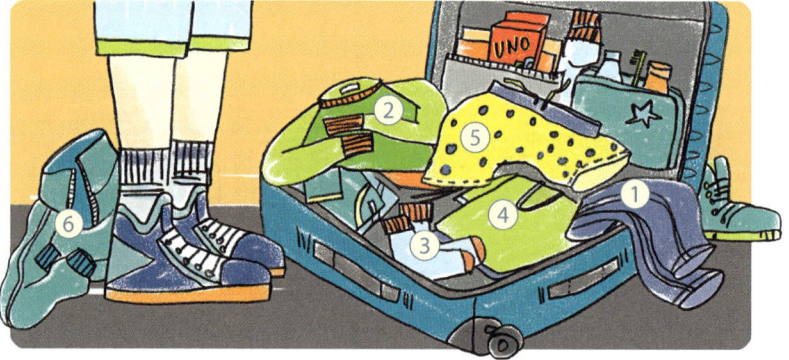

① die Jeans   ④ ....

② ....   ⑤ ....

③ ....   ⑥ ....

D3 Ordne zu. Lies dann den Brief in D1 noch einmal und verbinde.

1. Das Basketball-Camp fängt bald an.

2. Die Jugendlichen können im See baden,

3. Die Jugendlichen machen im Camp Sport,

4. In der Nacht ist es in Innsbruck kalt,

5. Am Abend können die Jugendlichen spielen,

a) deshalb braucht Viktor eine Jacke und einen Pullover.

b) deshalb braucht Viktor Sportsachen.

c) deshalb braucht Viktor seine Badesachen.

d) deshalb braucht Viktor Kartenspiele.

e) Deshalb packt Viktor seinen Koffer.

D4 Schreib die Sätze richtig.

Position 1	Position 2		
…, deshalb	esse	ich	kein Fleisch.

1. [nicht Computer. — deshalb — spielt — Hanna — mit — er]
   Viktor hat keine Zeit, deshalb spielt er

2. [Viktor — in — deshalb — geht — sie — Park. — den — mit]
   Hanna skatet gern,

3. [sind — Eltern — seine — deshalb — froh.]
   Viktor hat gute Noten,

4. [Stadt. — er — deshalb — die — geht — in]
   Viktor hat noch keine Sportschuhe,

5. [sie zum — deshalb — bringt — Tanzkurs. — Viktor]
   Claudia ist noch klein,

6. [deshalb — Frau Patti. — er — mag]
   In Kunst schreibt Viktor keine Klassenarbeiten,

D5 **Schreib weitere Sätze mit *deshalb*.**

1. (Viktor — Filme mögen — gern ins Kino gehen)
   Viktor mag Filme, deshalb

2. (Hanna — Hunger haben — einen Hamburger essen)

3. (Pete — aus Irland kommen — Englisch gut sprechen)

4. (Fabian — eine Bioarbeit schreiben — viel lernen müssen)

D6 **Lies noch einmal den Brief in D1 und such alle Imperativformen. Wie heißt der Infinitiv?**

schreiben:	~~du~~ schreib~~st~~	→	schreib!
mitbringen:	~~du~~ bring~~st~~ ... mit	→	bring ... mit!

Infinitiv	Imperativ (du-Form)
	Nimm ... mit!

D7 Warum ist Viktors Mutter sauer?
Ordne zu. Bilde dann Sätze im
Imperativ.

1. aufräumen   a) die Katze
2. waschen   b) mir
3. kommen   c) dein Zimmer
4. füttern   d) zum Essen
5. helfen   e) deine Hände

1. *Räum dein Zimmer auf!*
2. _____
3. _____
4. _____
5. _____

D8 Mit *doch, mal, bitte* klingt der
Satz freundlicher.
Schreib die Sätze in D7 mit den
„freundlichen" Partikeln neu.

1. *Räum doch bitte dein Zimmer*
   auf.
2. _____
   _____
3. _____
4. _____
5. _____

D9 Schreib einen Blog wie Viktor über deine Ferien.

Kreuze an.

Meine Wörter

☺ **Das kann ich gut!**
😐 **Das geht so.**
☹ **Das muss ich noch üben.**

Schule: ☺ 😐 ☹
Fach, Lehrerin, …

Hobbys: ☺ 😐 ☹
tanzen, lesen, …

Orte in der Stadt: ☺ 😐 ☹
Kino, Park, …

Kleidung: ☺ 😐 ☹
Sporthose, Jacke, …

Tiere: ☺ 😐 ☹
Pferd, Katze, …

Meine Grammatik

Frageartikel: ☺ 😐 ☹
Welch-…?

Verbkonjugation: ☺ 😐 ☹
treffen, essen, …

Adverbien: ☺ 😐 ☹
manchmal, oft, …

Konjunktion: ☺ 😐 ☹
deshalb

Imperativ du-Form: ☺ 😐 ☹
Hilf mir!, Pack ein!, …

Partikeln: ☺ 😐 ☹
doch, bitte, mal

Präposition in
mit Akkusativ: ☺ 😐 ☹
ins Schwimmbad,
ins Krankenhaus, …

Ich kann …

über die Schule
sprechen: ☺ 😐 ☹
Meine Noten sind ziemlich gut.

über meine Hobbys
sprechen: ☺ 😐 ☹
Ich spiele gern Basketball.

sagen, wie oft ich
etwas mache: ☺ 😐 ☹
Ich lese manchmal ein Buch.

sagen, wohin jemand
geht: ☺ 😐 ☹
Viktors Vater geht ins Kino.

sagen, warum ich
etwas tue: ☺ 😐 ☹
Ich will schwimmen, deshalb
packe ich die Badehose ein.

jemanden auffordern: ☺ 😐 ☹
Komm her!

Mein Geburtstag

A   Bist du auch unterwegs?

A1   Hör zu und lies mit.

Hallo Leute!

Die Ferien sind super, oder? Mir ist gar nicht langweilig. Nächsten Sonntag fahre ich endlich ins Basketball-Camp. Ich fahre mit dem Zug. 🙂 Hanna fliegt mit ihren Eltern nach Griechenland. Und Fabian fährt in die Schweiz zu seinen Großeltern auf den Bauernhof. Seine Mutter kommt aus Bern. Dort geht er wandern und hilft seinen Großeltern.

Vor dem Camp, am 10. August, habe ich noch Geburtstag. Das will ich mit meinen Freunden feiern und mache eine Party. Mein Cousin Max kommt auch! Er kommt aus München und schläft dann bei mir. Er kommt zum ersten Mal allein und fährt mit dem Zug. Meine Mama und ich fahren dann zum Bahnhof und holen ihn ab.

Meine Party fängt um 16 Uhr an. Wir grillen im Garten und hören den ganzen Abend Musik. 😃 Das gefällt mir!

Ich bin schon ganz neugierig auf meine Geschenke: Vielleicht bekomme ich von Mama und Papa einen Basketball, ein Fahrrad oder eine Uhr. Opa schenkt mir sicher ein dickes Buch. 🙂 Naja, mal schauen. Nach der Party muss ich dann leider aufräumen. Aber Max hilft mir. Zum Glück!

Jetzt mache ich Schluss für heute. Nächste Woche bin ich endlich weg. Dann schreibe ich wieder ... diesmal aus Österreich. 🙂

A2 **Wer macht was? Lies den Blogeintrag in A1 noch einmal und ordne die Namen zu.**

1. Viktor   (a) räumen nach der Party auf.

2. Fabian   (b) schenken Viktor vielleicht eine Uhr.

3. Max   (c) fährt zu seinen Großeltern in die Schweiz.

4. Viktors Eltern   (d) fährt in den Ferien mit dem Zug ins Basketball-Camp.

5. Viktors Opa   (e) schenkt Viktor sicher ein dickes Buch.

6. Viktor und Max   (f) fährt allein mit dem Zug von München nach Karlsruhe.

A3 **Wie heißen diese Verkehrsmittel? Schreib die Wörter richtig. Ergänze auch den Artikel.**

(A)    (B)    (C)    (D)

zuguFleg   nabStrahßen   harrFad   otuA

das

Flugzeug

(E)    (F)    (G)    (H)

ffhciS   uZg   haBn-U   suB

A4 Womit fahren Viktor und seine Freunde? Wohin fahren sie? Hör zu und schreib die Länder. Schreib auch den Buchstaben aus **A3**.

5

> Griechenland ✕ Türkei ✕ ~~Schweiz~~ ✕ Österreich

 ①  ②  ③  ④

Fabian _D_, Viktor _____, Hanna _____, Max _____,

Schweiz _____

A5 Ergänze die Sätze mit den Informationen aus **A4**. Ergänze auch *mit*, *nach* oder *in*. Hör dann noch einmal und kontrolliere.

5

> mit dem Bus nach Athen in die Türkei
> mit dem Fahrrad nach Spanien in die USA
> mit der Straßenbahn

1. Fabian fährt _mit_ _____.
2. Hanna fliegt _____.
3. Max fährt _____.
4. Viktor _____.

A6 Viktor chattet mit Hanna. Ergänze die Orte mit *zu* auf S. 23.

> ~~Training~~ ✕ Tanzkurs ✕
> Bahnhof ✕ Supermarkt ✕
> Sporthalle

> zum Bahnhof
> zum Kino
> zur Bushaltestelle

Hi Viktor! Kommst du heute _zum Training_ (1)?
Unser Trainer wird sonst sauer.

Nein. Ich habe keine Zeit. 😦 Zuerst muss ich
_____ (2) und einkaufen. Dann bringe ich
meine Schwester _____ (3). Sie tanzt doch so gern.

Und nächste Woche?

Auch nicht. 😦 Ich fahre mit meiner Mutter _____ (4)
und hole Max ab. Er kommt mit dem Zug aus München.

Schade, aber morgen Nachmittag kommst du _____
_____ (5), ok? Dort spielen Fabian und ich Basketball.

Klar! 🙂

A7 **Antworte auf Viktors Fragen im Blog.**

Wie fährst du zur Schule? Mit dem Fahrrad? Oder gehst
du zu Fuß? Und zu deinen Freunden? Und wohin fährst
du in den Ferien? Und womit? Schreib mir bitte.

_____
_____
_____
_____

B   # Max reist nach Karlsruhe

B1   **Ergänze den Wortigel zum Thema *Reisen*.**

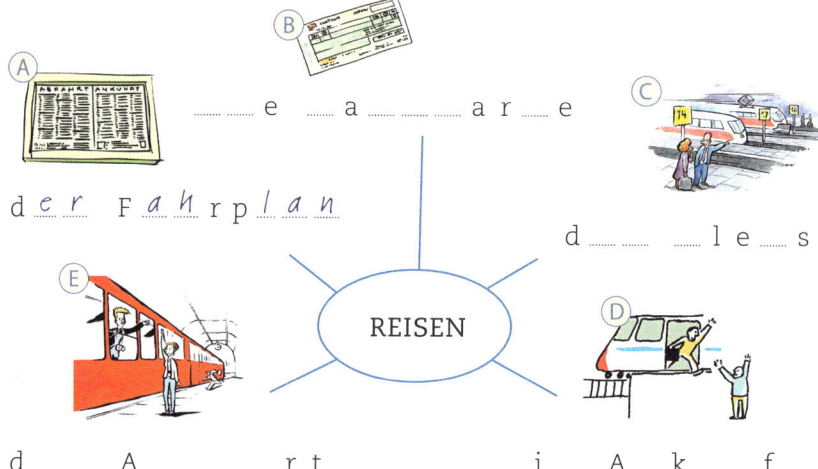

.... e .... a .... a r .... e

d e r   F a h r p l a n

d .... l e .... s

REISEN

d .... A .... r t   .... i .... A .... k .... f ....

B2   **Ergänze den Dialog zwischen Viktor und seiner Mutter. Die Wörter in B1 helfen dir. Hör dann zu und kontrolliere.**

6)))

▲ Viktor, heute müssen wir Max am Bahnhof _abholen_ (1).

     Wann .... sein Zug .... (2)?

● Um 15:15 Uhr.

▲ Wann .... er denn in München .... (3)?

● Um 13:45 Uhr.

▲ Muss er .... (4)?

● Ja, einmal, in Stuttgart.

▲ Hat er schon eine .... (5)?

● Ja. Er hat sie gestern gekauft.

▲ Dann fahren wir jetzt los.

B3 Am Bahnhof. Hör zu und nummeriere.

Ⓐ  Ⓑ  Ⓒ  Ⓓ

B4 Wie viel Uhr ist es? Was sagst du?
Ergänze die inoffiziellen Uhrzeiten.

offizielle Uhrzeit:
Du schreibst 16:30 Uhr.

inoffizielle Uhrzeit:
Du sagst halb 5.

Viertel vor … ✕ Viertel nach … ✕
(Minuten) vor … ✕ halb ✕ um ✕
… (Minuten) nach …

Ⓐ

Es ist Viertel
vor 11.

Ⓑ

_____
_____

Ⓒ

_____
_____

Ⓓ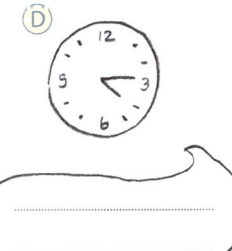

_____
_____

Ⓔ

_____
_____

Ⓕ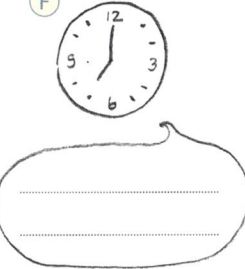

_____
_____

B5 8

Wie ist die Reihenfolge? Hör zu und nummeriere. Schreib dann die inoffiziellen Uhrzeiten.

○ (13:15)   ○ (11:20)   ○ (08:45)

○ (20:10)   ① (15:30)

1. Das Spiel fängt um _halb vier_ an.
2. Der Film läuft um _____.
3. Der Bus fährt um _____ ab.
4. Informationen gibt es ab _____.
5. Der Zug kommt um _____ an.

C

Zum Geburtstag viel Glück!

C1

Wer hat wann Geburtstag? Schreib das Datum zu den Sätzen.

am zwölften Juni (1.–19.)
am zwanzigsten August (20.–31.)
① am ersten / dritten / siebten / achten

Viktor hat am
zehnten August
Geburtstag. _10.8._

Seine Mutter hat am
ersten Dezember
Geburtstag. _____

Seine Schwester hat
am sechsundzwanzig-
sten September
Geburtstag. _____

Sein Opa hat am
dritten Januar
Geburtstag. _____

Sein Vater hat
am zehnten Mai
Geburtstag. _____

C2 Wann haben Viktors Freunde Geburtstag?
Hör zu und verbinde.

9

① Fabian   ② Vanessa   ③ Hanna   ④ Jannick

12.10.   1.5.   25.12.   11.10.

C3 Schreib die Geburtsdaten aus **C2** in Worten.

1. Fabian hat _am elften_ Geburtstag.
2. Vanessa _____.
3. Hanna hat am _____ Geburtstag.
4. Jannick _____.

C4 Wann hast du Geburtstag? Und deine Familie und Freunde?
Frag sie.

Ich habe am _____ Geburtstag.
Meine Mutter hat _____.
Mein Vater _____.
Meine _____.
Mein _____.

C5 Viktor schreibt eine Einladungskarte. Ergänze die Lücken. Die Bilder helfen dir.

Liebe / Lieber .... (1),

am 10. August habe ich Geburtstag und ich lade dich

herzlich ♥ ein.

Wir feiern bei mir zu Hause. Meine Adresse ist

Lerchenstraße 5. Um 16.00 Uhr fangen wir an.

Wir hören Musik, deshalb darfst du deine

.... (2) nicht vergessen. Zum Essen gibt

es .... (3) , ... (4)

und .... (5) . Zum Trinken gibt es Spezi,

Wasser und Cola. Nach dem Essen spielen wir im Garten

und dann im .... (6) .

Vergiss deine .... (7)

oder deinen .... (8) nicht!

Ende: 20.00 Uhr

Ruf mich bitte an: 0711 43638940

Dein Viktor

C6 Schreib eine Einladung zu deinem Geburtstag auf S. 70. Die Sätze in C5 helfen dir.

Liebe / Lieber .... ,

....

....

....

D Ich wünsche mir eine Party!

D1 Hör zu. Welche Sätze gehören zusammen? Verbinde.

1. Am Samstag können wir zusammen in die Stadt gehen.
2. Ich kaufe dir einen Basketball.
3. Schreib mir doch einfach eine Nachricht.
4. Außerdem gibt es Salat, Würstchen und Überraschungen.

a) Toll. Ich freue mich. Vielen Dank!
b) Da helfe ich dir gern.
c) Dann zeige ich dir das Fahrrad.
d) Okay, gute Idee.

D2 Lies die Dialoge und setze *mir / dir* ein.

Bringst du mir … mit?   Ich bringe dir … mit.
Gibst du mir …?   Ich gebe dir …

1. ◆ Zeigst du _mir_ deine neue Wohnung?
   ● Klar, ich zeige sie _____ am Wochenende.
2. ▲ Kann ich _____ bei der Party helfen?
   ■ Ja, du kannst _____ Chips und Spezi mitbringen.
3. ◆ Du gehst in die Stadt, oder? Kaufst du _____ ein Fußball-Magazin?
   ● Ja, aber ich habe kein Geld. Gibst du _____ bitte Geld?
4. ▲ Schreibst du _____ einen Brief in den Ferien?
   ■ Ja, ich schreibe _____ einen Brief aus Italien.

2

D3 **Ergänze die Dialoge mit *gefällt* oder *gefallen*.**

Gefällt dir Viktors Party?
Ja, die Party gefällt mir sehr.
Gefallen dir die Geschenke?

1. *Viktor:* Wie _gefällt_ dir die Party, Fabian?

   Fabian: Super, mir _____ die Party sehr gut.

2. *Papa u. Mama:* Und? _____ dir das Fahrrad?

   Viktor: Ja, danke. Es _____ mir total.

3. *Opa:* Wie _____ dir die Geschenke?

   Viktor: Sie sind klasse!

4. *Viktor:* Papa, was _____ dir nicht?

   Papa: Mir _____ die Musik überhaupt nicht!

   Sie ist zu laut.

D4 **Lies den Blogeintrag. Lies dann die Fragen auf S. 31 dazu und wähl die richtige Antwort.**

Hallo Leute! Was mache ich am Tag meines Geburtstags? Möchtet ihr das wissen? Also, ich stehe gegen 9 Uhr auf. Ich füttere meine Katze Lotte und frühstücke dann um 9.15 Uhr. Am Mittag fahre ich mit Papa zur Bank. Dann gehen wir in die Stadt und kaufen im Supermarkt für die Party ein: Spezi, Cola, Würstchen, Chips... Danach fahren Mama und ich zum Bahnhof und holen Max ab.
Die Party beginnt um 16 Uhr. Auf der Party machen wir Spiele und hören Musik. Dann essen wir den Kuchen und ich mache die Geschenke auf. Um 20 Uhr machen wir Schluss und ich räume mit meinem Cousin Max auf.

1. Wann steht Viktor auf? Um 8:30 Uhr. / <u>Um 9:00 Uhr.</u> / Um 9:30 Uhr.

2. Was macht Viktor am Mittag? Er fährt zum Bahnhof. / zur Bank. / zum Supermarkt.

3. Wer kauft mit Viktor ein? Sein Papa. / Seine Mama. / Sein Opa.

4. Wann beginnt die Party? Um 15:15 Uhr. / Um 15:30 Uhr. / Um 16:00 Uhr.

5. Mit wem räumt er nach der Party auf? Mit seiner Schwester. / Mit seinem Cousin. / Mit seinen Freunden.

D5 **Und du? Was machst du wann? Schreib Sätze mit *vor* und *nach*.**

vor	dem Sport
nach	dem Essen
	der Schule
	den Ferien

vor oder *nach*?	
Frühstück	Freunde anrufen
Schule	Rucksack packen
Mittagessen	Ferien
Sport	fernsehen
...	...

Nach dem Frühstück packe ich

D6 Schreib einen Forumsbeitrag. Antworte auf die Fragen von Sally03.

Sally03

Hey, ich brauche Ideen für meine Geburtstagsparty. Feiert ihr euren Geburtstag? Und wie? Und wo? Und wann? Was genau macht ihr? Was wünscht ihr euch zum Geburtstag?

Ich habe am _____ Geburtstag.

Ich feiere ihn _____.

Normalerweise mache ich _____

_____.

Zum Geburtstag wünsche ich mir _____

_____.

Auf meiner Geburtstagsparty essen wir _____

_____ und trinken

_____.

Wir spielen _____

und _____.

Außerdem _____.

Auf meiner Geburtstagsparty sind

_____.

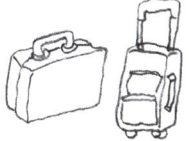

Kreuze an.

☺ Das kann ich gut!
☻ Das geht so.
☹ Das muss ich noch üben.

Meine Wörter

Verkehrsmittel: ☺ ☻ ☹
Bus, U-Bahn, …

Reisen: ☺ ☻ ☹
abfahren, ankommen …

Geburtstag feiern: ☺ ☻ ☹
Kuchen, Einladung …

Meine Grammatik

Präposition mit + Dativ: ☺ ☻ ☹
Ich fahre mit dem Bus zur Schule.

Präposition nach + Länder / Städte: ☺ ☻ ☹
Wie fährst du nach Hamburg?

Präposition zu + Dativ: ☺ ☻ ☹
Viktor bringt seine Schwester zum Tanzkurs.

Datum am + Ordinalzahl: ☺ ☻ ☹
Am fünften August fliege ich nach China.

Personalpronomen im Dativ: ☺ ☻ ☹
Bringst du mir bitte ein Sportmagazin mit?

gefallen *mit Dativ:* ☺ ☻ ☹
Gefällt dir meine neue Jacke?

Präpositionen vor / nach mit Dativ: ☺ ☻ ☹
Nach der Schule mache ich Sport.

Ich kann …

sagen, wohin jemand geht: ☺ ☻ ☹
Viktors Mutter fährt zum Bahnhof.

sagen, welche Verkehrsmittel ich nehme: ☺ ☻ ☹
Meine Mutter fährt mit dem Auto zur Arbeit.

Zeitangaben machen: ☺ ☻ ☹
Die U-Bahn kommt um halb vier an.

sagen, was mir (nicht) gefällt: ☺ ☻ ☹
Das Hemd gefällt mir nicht.

jemanden einladen: ☺ ☻ ☹
Ich lade dich herzlich zu meiner Party ein.

Ferien im Camp

KAPITEL 3

A Willkommen im Camp

A1 Hör zu und lies mit.

Hallo Leute!

Ich bin schon im Camp. Innsbruck ist wunderschön und das Camp macht total viel Spaß. Bis jetzt haben wir jeden Tag Training gehabt. Das ist anstrengend, aber ich finde es toll. Ich habe schnell Freunde gefunden. Seit dem ersten Tag haben wir Basketball gespielt und auch viel gelacht. Meine besten Freunde im Camp sind Darko und Anelya.

Darko kommt aus Innsbruck. Im Sommer fährt er normalerweise zu seinem Opa und seiner Oma. Sie wohnen am Mittelmeer, in Pula. Darko ist groß und sportlich. Seine Haare sind kurz und schwarz. Er ist auch sympathisch und freundlich. Anelya kommt aus Moskau. Sie lernt Deutsch in der Schule, deshalb kann sie gut Deutsch. Bei ihr zu Hause ist es im Sommer sehr langweilig. Sie mag Basketball so wie ich. Sie ist schlank und süß. Ihre Haare sind blond und lang. Ihre Augen sind blau wie das Meer. 😍

Darko und ich sind in einem Zimmer. In unserem kleinen Zimmer stehen zwei Betten, ein Tisch, ein Stuhl 🪑 und ein Schrank. 🗄️ Es gibt auch ein Bad mit Dusche und WC. 🚽

Auf dem Flur gibt es andere Zimmer, ein großes Wohnzimmer mit Fernseher und eine Küche.

Jetzt muss ich zum Training – bis bald!

A2 Was erzählt Viktor vom Camp? Lies den Blogeintrag in A1 noch einmal und bring die Bilder in die richtige Reihenfolge.

A   B   C   D

A3 Zu oder *bei*? Ergänze zuerst die Lücken. Hör dann zu und verbinde die Bilder.

12

zu mein**em** Freund / bei mein**em** Freund
zu mein**er** Freundin / bei mein**er** Freundin
zu mein**en** Freunden / bei mein**en** Freunden
zu Daniel / bei Daniel

Viktors Mutter   Claudia   Darko   Fabian

① ... ist *zu* Hause.

② ... fährt .... seinen Großeltern.

③ ... fährt .... seinem Onkel.

④ ... ist .... ihrem Vater.

3

B   Meine Freunde im Camp

B1   Welches Adjektiv passt zu den Bildern?

> lang × kurz × schlank × dick × ~~sauer~~ ×
> froh × groß × klein × lustig × langweilig

B2   Findest du die Gegenteile in B1? Verbinde.

B3   Wie sind Viktors Freunde im Camp? Hör zu. Welches Adjektiv passt zu welcher Person? Schreib. Nicht alle passen.

13 🔊

> sauer × süß × froh × groß × lustig × ~~sportlich~~

B4 Wie sind Viktors Freunde im Camp? Schreib Sätze über die Personen aus B3.

Darko ist sportlich.

B5 Beantworte Viktors Fragen und kleb oder mal ein Bild von deiner besten Freundin / deinem besten Freund dazu.

Beste Freunde sind immer lustig. Sie machen fast nie Probleme.
Beste Freunde sind …
Wie sind deine besten Freunde?

… und ich sind beste Freunde. Wir sind gern zusammen. … ist …, … und …. Seine / Ihre Haare sind …. Seine / Ihre Augen sind …. Ich mag an …, dass er / sie … ist.

Beste Freunde

B6 **Welches Personalpronomen im Akkusativ ist richtig?
Unterstreiche.**

Nominativ	ich	du	er	sie	es	wir	ihr	sie / Sie
Akkusativ	mich	dich	ihn	sie	es	uns	euch	sie / Sie

1. ◆ Anelya, wo ist der Ball?

   ● Der Ball? Ich habe <u>ihn</u> / es nicht gesehen.

2. ◆ Viktor, leihst du mir bitte dein Skateboard?

   ● Okay, aber morgen möchte ich sie / es wieder.

3. ◆ Fabian, diese Schokolade schmeckt wirklich gut.

   ● Ich habe ihn / sie in der Schweiz gekauft.

4. ◆ Dein Rucksack gefällt mir sehr.

   ● Danke, Hanna hat es / ihn mir geschenkt.

5. ◆ Papa, brauchst du die Schere noch?

   ● Nein, ich brauche sie / es nicht mehr.

6. ◆ Darko, lädst du Anelya und mich zu deinem Geburtstag ein?

   ● Ja, ich lade uns / euch gerne ein.

7. ◆ Fabian, besuchst du oft deine Großeltern?

   ● Leider nicht. Ich besuche sie / euch nur im Sommer.

8. ◆ Mama, wie findest du meine Freunde im Camp?

   ● Ich finde mich / sie sehr sympathisch.

9. ◆ Ab jetzt sprechen wir nur Englisch.

   ● Aber, Frau Patti, wir verstehen Sie / dich nicht.

10. ◆ Die Party ist toll! Schicken wir Julian ein Bild?

    ● Ja, wir fotografieren ihn / uns und senden ihm das Bild
    per E-Mail.

B7 Viktor chattet mit Hanna. Ersetze die unterstrichenen Wörter durch ein Personalpronomen.

Hanna
Hi Viktor! Du bist jetzt im Basketball-Camp, oder?

Viktor
Ja. Das Camp ist fantastisch. Das Camp / _ES_ (1) ist in Innsbruck. Ich besuche das Camp / .... (2) vom 10. bis zum 24. August.

Hanna
Bist du mit dem Zug gefahren?

Viktor
Ja. Ich finde den Zug super, weil der Zug / .... (3) ganz modern ist. Der Zug / .... (4) hatte Internet!

Hanna
Wie ist Innsbruck?

Viktor
Innsbruck ist eine schöne Stadt. Die Stadt / .... (5) liegt in den Alpen. Ich mag die Stadt / .... (6) sehr.

Hanna
Wie sind die Leute im Camp? Hast du schon Freunde?

Viktor
Ja klar. Meine Freunde sind sehr nett. Meine Freunde / .... (7) kommen aus Österreich und Russland. Ich habe meine Freunde / .... (8) nach Karlsruhe eingeladen.

3

C Das Camp hat leider kleine Zimmer

C1 Was gibt es im Camp? Beschrifte das Bild.

M-I-M-Z-E-R × D-A-B × C-H-Ü-K-E × R-A-G-N-E-T ×
L-U-R-F × G-R-E-A-G-A × P-L-I-T-Z-S-E-P-L-A ×
S-E-S-R-R-T-E-A × O-T-T-T-E-L-E-I

1. *Zimmer*
2.
3.
4.
5.
6.
7.
8.
9.

C2 Was gibt es im Camp? Was gibt es nicht? Schreib Sätze. Vergleiche mit dem Bild in C1.

Garage   ✖   Schwimmbad ✖
Spielplatz   ✖   ~~Zimmer~~ ✖
Terrasse   ✖   Wohnzimmer ✖
Küche ✖ Garten ✖ Flur

Es gibt eine Küche.
Es gibt kein Kinderzimmer.

1. Im Camp gibt es *viele Zimmer* ,

2. Es gibt kein

C3 Viktor skypt mit Fabian. Hör zu und ergänze. Was gibt es bei Fabian und Viktor? Was gibt es nicht?

	Fabian	Viktor	Das gibt es nicht.
1. viel Arbeit	X		
2. Sportplatz			
3. Schweine 			
4. Schwimmbad			
5. See			
6. gutes Essen			
7. eine Grillparty			
8. Kaffee und Kuchen			

C4 **Beschreib jetzt dein Traumhaus / deine Traumwohnung und dein Zimmer. Zeichne es.**

Die Wohnung / Das Haus hat ... Zimmer. Es gibt ... Schlafzimmer. Aber ich habe kein ..., In meinem Zimmer gibt es ..., aber es gibt kein ...

D   Im Sommer will ich reisen

D1   **Wo ist Lotte diesen Sommer? Ordne zu.**
Ergänze die richtige Präposition.

in Ungarn / Rom	nach Ungarn / Rom
zu Hause	nach Hause
im … Wald	in den Wald
im Feriencamp	ins Feriencamp
am Strand	an den Strand
auf einer Insel	auf eine Insel

See × ~~Wald~~ × Fluss × Stadt × Insel × Strand

A

im Wald

B

C

D

E

F

D2   **Dativ oder Akkusativ? Unterstreiche die richtige Präposition.**

1. Claudia bleibt im / <u>zu</u> Hause.
2. Hanna ist in der / in die Schweiz.
3. Max fährt in / nach München.
4. Hanna ist auf eine Insel / auf einer Insel , auf Korfu.
5. Hanna geht nach der Schule an einem / an einen See.

D3 Schreib drei ideale Reisepläne. Land, Stadt, Berge oder Wasser?

Mein Reiseplan (Land: Portugal, Italien ...)

Ich möchte nach _____ fahren.

Dort will ich _____.

In _____ kann man _____.

Außerdem gibt es _____.

Mein Reiseplan (Stadt: Prag, Amsterdam ...)

Ich möchte nach _____ fahren.

Dort will ich _____.

In _____ kann man

_____. Außerdem gibt

es _____.

Mein Reiseplan (in die Berge oder ans Wasser: die Alpen, das Mittelmeer ...)

Ich möchte in die _____ /

ans _____ fahren. Dort will ich

_____. In / Am _____

kann man _____. Außerdem gibt es

_____.

D4 Lies die Mail von Viktor. Schreib das Partizip der Verben.

sagen	→	ge**sag**t
fotogra**fieren**	→	fotogra**fiert**
besuchen	→	**be**sucht
verkaufen	→	**ver**kauft
erzählen	→	**er**zählt
mit|machen	→	mit**ge**macht

Hallo Fabian!

Wie geht's dir? Mir geht's super hier im Camp. Letzten Samstag waren wir auch auf einem Flohmarkt. Dort haben wir viel Spaß _gehabt_ (1) (haben) und wir haben auch viel _____ (2) (lachen). Ich habe eine Badehose _____ (3) (kaufen). Ich habe nur 5€ _____ (4) (bezahlen). Das ist billig, oder? Nach dem Flohmarkt waren wir am See und haben zuerst _____ (5) (baden) und dann _____ (6) (grillen). Wir haben zum Schluss alles _____ (7) (aufräumen). Am Abend habe ich mit meinen Eltern _____ (8) (telefonieren). Ich habe ihnen alles _____ (9) (erzählen) und Fotos per E-Mail _____ (10) (schicken). Die schicke ich dir jetzt auch! 😊 Wie geht's dir in der Schweiz?
Liebe Grüße aus Innsbruck! 😊

D5 **Fabian beantwortet Viktors Mail. Bilde das Perfekt.**

arbeiten ✖ reparieren ✖
angeln ✖ kennenlernen ✖
~~frühstücken~~ ✖ verkaufen

Hi Viktor!

Danke für deine Mail. Hier in
der Schweiz ist es sehr schön,
aber auch sehr anstrengend. Gestern habe ich um 8.00 Uhr
gefrühstückt (1). Dann habe ich auf dem Bauernhof
_____ (2). Um 11.00 Uhr hat mein Opa den
Traktor _____ (3). Um 14.00 Uhr haben wir Käse
und Wurst _____ (4). Auf dem Markt habe ich
ein Mädchen _____ (5). Sie heißt Marina und
kommt aus Lugano. Sie hat gestern am See _____ (6).
Am Wochenende angeln wir zusammen. 😊
Die Schweiz macht viel Spaß! Bis bald!

Fabian

D6 **Wie waren deine Ferien? Beschreib einen Tag in deinen
Ferien. Verwende das Perfekt.**

Das kannst du jetzt!

Kreuze an.

Meine Wörter

> ☺ Das kann ich gut!
> ☺ Das geht so.
> ☹ Das muss ich noch üben.

Urlaubsziele: ┈┈┈┈┈➤ ☺ ☺ ☹
nach Innsbruck, in die Berge …

Ich kann …

Wohnräume: ┈┈┈┈┈➤ ☺ ☺ ☹
Wohnzimmer, Küche, …

eine Person
beschreiben: ┈┈┈┈┈➤ ☺ ☺ ☹
Er ist intelligent und
seine Augen sind blau.

Orte: ┈┈┈┈┈➤ ☺ ☺ ☹
Wald, See, Strand

Meine Grammatik

über meine Wohnung /
mein Haus sprechen: ┈┈┈➤ ☺ ☺ ☹
Meine Wohnung hat drei
Zimmer, eine Küche …

Personalpronomen
im Akkusativ: ┈┈┈┈┈➤ ☺ ☺ ☹
mich, dich, ihn, sie, es,
uns, euch, sie, Sie

sagen, wohin jemand
geht: ┈┈┈┈┈➤ ☺ ☺ ☹
Wir fliegen nach Spanien.

es gibt + Akkusativ: ┈┈➤ ☺ ☺ ☹
Es gibt einen See.

sagen, wo sich jemand
befindet: ┈┈┈┈┈➤ ☺ ☺ ☹
Im Juli war ich am Strand.

in / an / auf + Dativ: ┈➤ ☺ ☺ ☹
Ich war im Sommer
auf einer Insel.

über Vergangenes
sprechen· ┈┈┈┈┈➤ ☺ ☺ ☹
Ich habe eine Badehose
gekauft.

in / an / auf +
Akkusativ: ┈┈┈┈┈➤ ☺ ☺ ☹
Meine Schwester geht
in ein Feriencamp.

sagen, was es an einem
Ort (nicht) gibt: ┈┈┈➤ ☺ ☺ ☹
Es gibt einen Garten.
Es gibt kein Schwimmbad.

Partizip Perfekt mit -t: ┈➤ ☺ ☺ ☹
Fabian hat um 8.00 Uhr
gefrühstückt.

zu / bei + Dativ: ┈┈┈➤ ☺ ☺ ☹
Ich bin bei meiner Oma.

4
KAPITEL

A Entschuldigung, können Sie mir bitte helfen?

A1 Hör zu und lies mit.

 15

Hallo Leute!

Das Camp ist zu Ende. Wie schade! Aber wir hatten in den letzten Tagen noch viel Spaß. Am Donnerstag waren wir noch einmal in der Stadt. Wir sind mit der Straßenbahn in die Altstadt gefahren. Viele haben Souvenirs gekauft. Um 16.00 Uhr haben wir uns alle an der Eisdiele am Domplatz wiedergetroffen.

Am Freitag hatte Vassili einen Unfall beim Basketball. Sein Arm hat wehgetan und unser Trainer Herr Kröske hat ihn zum Arzt gefahren. Nadine aus der Schweiz hat am Abend zu viel Pizza gegessen und dann hatte sie Bauchschmerzen. Unsere Betreuerin Frau Seibel hat für sie einen Tee gekocht. Arme Nadine! ☹

Am Sonntag war das Finale! Wir sind früh aufgestanden und sind dann auf den Sportplatz gegangen. Juhuu! Wir haben die Gold-Medaille 🏅 gewonnen. Unser Trainer Herr Kröske hat sich sehr gefreut. Wir haben danach eine Karaoke-Party gemacht. Sylvie aus Belgien hat am besten gesungen. Deshalb hat sie einen Preis bekommen. Auf der Party haben wir gegrillt und viel Limo getrunken.

Am nächsten Tag sind wir nach Hause zurückgefahren. Alle waren ein bisschen traurig, aber ich nicht… Darko besucht mich zu Weihnachten in Karlsruhe. Toll, oder? Anelya hat mir ihre Adresse geschickt. Ich glaube, nächsten Sommer will ich unbedingt nach Moskau fliegen… 🙂

A2 Was war los im Camp? Lies den Text in A1 noch einmal und mach Notizen zu den Tagen.

> Donnerstag: mit der Straßenbahn...

A3 Viktor und Anelya finden den Weg zurück nicht. Wie ist die Reihenfolge? Hör zu.

A4 Was ist richtig? Unterstreiche die richtige Antwort. Hör dann noch einmal zur Kontrolle.

1. Viktor und Anelya gehen zuerst <u>zum Bahnhof</u> / zum Marktplatz und nehmen dort den Bus. / die Straßenbahn.
2. Sie steigen in die Straßenbahn Linie 3. / Linie 9.
3. Dann fahren sie zum Marktplatz. / zum Domplatz.
4. Am Marktplatz gehen sie links / rechts in die Herzog-Friedrich-Straße. / in die Pfarrgasse.
5. ...und dann links / rechts in die Herzog-Friedrich-Straße. / in die Pfarrgasse.

A5 **Was kann man in Innsbruck machen? Lies den Text und ergänze die Namen aus dem Text.**

Willst du schöne Ferien mit deiner Familie haben?

Dann komm nach Innsbruck! Hier gibt es hohe Berge zum Ski fahren und grüne Wälder zum Wandern. Im Natterer See kannst du schwimmen. In der Stadt gibt es auch viel Kultur. Das Goldene Dachl sehen alle Touristen gern: Es ist ein schönes Haus mit einem goldenen Dach. Im Haus gibt es auch ein interessantes Museum. Dort lernst du viel über Innsbruck. In Innsbruck gibt es auch eine Burg. Sie heißt Hofburg. In der Hofburg kannst du viel Spaß haben: Der Hofnarr erzählt dir lustige Geschichten. Für Kinder ist der Alpenzoo super. Dort wohnen Bären, Wildschweine und viele Alpentiere. Hast du Lust? Der Spaß ist für alle garantiert!

A   B   C   D

der Natterer See ....

A6 **Schreib Sätze mit *man* zu A5.**

er / es / sie / man kann

In Innsbruck kann man *Ski fahren und* ....

Man kann auch ....

....

A7 Und du? Was möchtest du in Innsbruck machen? Was möchtest du nicht machen? Schreib Sätze.

☺ In Innsbruck möchte ich ....

....

☹ In Innsbruck ....

....

A8 Was hat Viktor in den Ferien erlebt? Schreib das passende Verb im Perfekt.

> sprechen ✕ sehen ✕ einladen ✕ finden ✕
> trinken ✕ gefallen ✕ ~~bekommen~~

1. Viktor hat in Mathe eine gute Note _bekommen_.
2. Auf seiner Geburtstagsparty haben seine Gäste Limo

....

3. Das Fahrrad hat ihm am besten ....
4. Viktor hat im Camp schnell Freunde ....
5. Im Camp haben er und seine Freunde Deutsch ....
6. In Innsbruck hat er mit Anelya den Dom ....
7. Viktor hat Darko nach Karlsruhe ....

A9 Ergänze die Tabelle.

	sprechen	→	ge _sproch_ en
Verben mit er-, be-, ver-, ge-	bekommen	→	....................en
	verlieren	→	....................en
trennbare Verben	einladen	→	.......ge........en
	anfangen	→	.......ge........en

B Der Unfall

B1 Wie heißen diese Körperteile? Lös das Kreuzworträtsel.
Die gelben Buchstaben sind das Lösungswort.

Vassili hat einen

— — — — — — gehabt.

B2 Wie heißen die Körperteile in B1 im Plural? Mach eine
Tabelle auf S. 70 wie im Beispiel.

-n	-e	-en	¨e	Sg. = Pl.
				der Rücken,
				die Rücken

B3 Hör zu. Was ist richtig? Unterstreiche die richtige Antwort.

17

1. Viktor und Vassili brauchen <u>drei</u> / zwei Punkte.
2. Vassilis Arm / Hand tut weh.
3. Der Trainer / Arzt kommt.
4. Vassilis Arm ist blau / rot .
5. Sie fahren zum Arzt / nicht zum Arzt .
6. Vassili hasst / mag Ärzte.
7. Vassili bekommt einen Verband / Gipsarm .
8. Der Trainer ruft die Eltern von Vassili an /
   besucht die Eltern von Vassili .

B4 Vassili muss leider zum Arzt. Ergänze den Dialog mit den Redemitteln im Kasten.

~~Guten Tag!~~   Ich hatte einen Unfall.   Da bin ich froh!
Ja, mein Arm tut weh.   Ist mein Arm gebrochen?
Was ist passiert?   Ich mache dir einen Verband.
Hast du Schmerzen?   Gute Besserung!

Guten Tag! _____ (1)

_____ (2)

_____ (3)

_____ (4)

_____ (5)

_____ (6)

_____ (7)

Nein.

_____ (8)

Prima. _____! (9)

B5 Interview mit Herrn Kröske. Ergänze *Ihr* oder *Ihre* in den Fragen und verbinde dann die Fragen mit den Antworten.

… Ihr Rucksack?　　… Ihr Handy?
… Ihre Tasche?　　… Ihre CDs?

Liebe Leserinnen und Leser,
dieses Mal gibt es ein Interview mit unserem Trainer.

1. Wie ist _Ihr_ Name?　　　　ⓐ Klassische Musik. Ich höre am liebsten Mozart.

2. Ist Innsbruck _____ Heimatstadt?　　　ⓑ Wandern, Freunde treffen, Musik hören und Basketball spielen.

3. Und wie heißt _____ Sohn?　　　ⓒ Ich heiße Maximilian Julius Kröske.

4. Was sind _____ Hobbys?　　　ⓓ Gerne. Auf Wiedersehen.

5. Was ist _____ Lieblingsmusik?　　　ⓔ Leo.

6. Vielen Dank für _____ Antworten und auf Wiedersehen.　　　ⓕ Nein, ich komme aus Salzburg.

C Das Finale

C1 Schreib Fragen und Antworten im Perfekt.

Max ist nach Karlsruhe gekommen.
Wir sind bis halb neun geblieben.
Was ist passiert?

1. Viktor — früh — aufstehen?
   - *Ist Viktor früh aufgestanden?*
   - Nein, er .... (spät aufstehen)

2. Viktor und Anelya — ins Schwimmbad — gehen?
   - .... ?
   - Nein, sie .... (in die Stadt gehen)

3. Claudia — nach Innsbruck — mitkommen?
   - .... ?
   - Nein, sie .... (in Karlsruhe bleiben)

4. Hanna — mit dem Auto — nach Griechenland — fahren?
   - .... ?
   - Nein, sie .... (nach Korfu fliegen)

5. Darko — diesen Sommer — in Pula — sein?
   - .... ?
   - Nein, er .... (in Innsbruck bleiben)

4

C2 Ein Porträt fürs Camp-Magazin. Ergänze *nächst-* oder *jed-*
mit der richtigen Endung.

nächst**en** Freitag   nächst**es** Jahr   nächst**e** Woche
jed**en** Tag   jed**es** Jahr   jed**e** Woche

CAMP-MAGAZIN
Frau Seibel im Porträt

Das ist Frau Seibel, unsere Top-Trainerin
im Camp. Möchtet ihr mehr von ihr wissen?
Dann lest den Artikel.

Frau Seibel kommt aus Wien und arbeitet zwei Wochen im Camp.

Sie macht *jeden* (1) Tag Sport, deshalb ist sie immer aktiv. Ihr

Lieblingssport ist Basketball. Sie spielt .... (2) Dienstag

Basketball. .... (3) Sonntag findet ein Spiel statt, aber da

spielen nur ihre Schüler.

Sie läuft auch gern im Park oder am See. .... (4) Jahr

möchte sie den Berliner Marathon laufen. Dafür trainiert sie

.... (5) Wochenende.

Sie isst immer gesund. .... (6) Tag isst sie zwei Stück

Obst: einen Apfel, eine Birne oder eine Orange.

Sie findet Innsbruck wunderschön, deshalb kommt sie

.... (7) Sommer in die Alpen. Frau Seibel hat auch Familie.

Wir wünschen Frau Seibel in Zukunft alles Gute! Wir freuen uns schon

auf das .... (8) Camp mit ihr.

Nadine Lerroux

C3 Fabian und Viktor chatten. Bring die Sätze in die richtige Reihenfolge.

Hallo Fabian! (1)

Aber nächste Woche sehen wir uns wieder! ◯

Super, bis nächste Woche!!! 🙂 ◯

Jaaaa! Da bin ich total froh. 🙂 ◯

Super gut, aber das Camp ist am Sonntag leider zu Ende. 🙁 ◯

Ach, schade... Findest du das blöd? 🙁 ◯

Ich bin schon etwas traurig. 🙁 ◯

Hi Viktor, wie geht's dir in Innsbruck? 🏀 ◯

C4 Anelya und ihre Freundin Irina chatten. Schreib den Chat.

● Hallo Irina!

◆ *Hallo Anelya, wie geht's dir im Camp?* .... (im Camp?)

● .... 👍

◆ .... (Freunde

.... kennenlernen?)

● .... (Viktor)

◆ .... (Land?)

● .... (Deutschland)

◆ .... (nett?)

● .... 👍

D Der Abschied

D1 Was wollen sie machen? Ergänze *wollen* in der richtigen Form und ergänze die Angaben aus dem Kasten.

> ~~Karaoke~~ ✕ Pizza ✕ die Medaille ✕ nach Moskau ✕
> Souvenirs ✕ Basketball ✕ im Natterer See

Viktor   Anelya   Vassili   Darko   Silvie

1. Silvie *will* *Karaoke* singen
2. Wir .... kaufen.
3. Nadine .... essen.
4. Ihr .... gewinnen.
5. Ich .... schwimmen.
6. Viktor .... fliegen.
7. Die Freunde .... spielen.

D2 Ergänze die Tabelle.

	wollen
ich	w_i_ll
du	w____llst
er/sie/es	w____ll
wir	w____ll___n
ihr	w____llt
sie / Sie	w____ll___n

D3 Erzähl Viktor auf seinem Blog von deinen Ferien.
Die Fragen helfen dir. Schreib auf S. 71 und poste ein Bild.

Wo bist du in den Ferien gewesen?

Was hast du jeden Tag gemacht?

Welche Orte hast du gesehen?

Wie bist du dorthin gefahren?

Wie sind deine neuen Freunde?

Wie findest du deine Ferien?

Wohin willst du nächstes Jahr?

• Am Strand, in den Bergen, in der Stadt ...

• Am Morgen, am Mittag, am Nachmittag,

• Mit dem Auto, mit dem Bus, mit dem Zug, ...

• Mit wem bist du dorthin gefahren? Mit meiner Familie, meinen Freunden, ...

• Lustig, sportlich, intelligent ...

• Toll, langweilig, super ...

• Nach Italien, nach Portugal, in die USA ...

Hallo Viktor,

diesen Sommer bin ich

gewesen.

Ich

4

D4 **Bist du ein Ferienheft-Profi? Schreibe den passenden Namen in die Lücken.**

> FrauSeibel ✖ Viktor ✖ Fabian ✖ Claudia ✖ Max ✖
> Frau Patti ✖ Anelya ✖ Darko ✖ Vassili ✖ Hanna

1. .... wohnt in Karlsruhe.
2. .... tanzt gern.
3. .... unterrichtet Kunst.
4. .... ist nach Griechenland geflogen.
5. .... hat in der Schweiz seine Großeltern besucht.
6. .... ist mit dem Zug nach Karlsruhe gefahren.
7. .... ist schlank und süß.
8. .... hat einen Unfall gehabt.
9. .... möchte nächstes Jahr den Berliner Marathon laufen.
10. .... will zu Weihnachten Viktor besuchen.

> **0 bis 3 richtige Antworten:** Oje! Du kannst das Ferienheft noch einmal lesen. 😌
>
> **4 bis 6 richtige Antworten:** Ganz gut! Deutsch und Sport machen dir Spaß! 🙂
> **7 bis 10 richtige Antworten:** Herzlichen Glückwunsch! Eine Goldmedaille für dich! 🙂 🙂

Lösung:
1. Viktor 2. Claudia 3. Frau Patti 4. Hanna 5. Fabian 6. Max 7. Anelya 8. Vassili 9. Frau Seibel 10. Darko

Das kannst du jetzt!

Kreuze an.

Meine Wörter

Körperteile: ······· ☺ ☺ ☹
Kopf, Arm, …

Wegbeschreibung: ······· ☺ ☺ ☹
rechts, links, …

Unfall und Krankheiten: ☺ ☺ ☹
Kopfschmerzen, Verband, …

Meine Grammatik

Indefinitpronomen: ······· ☺ ☺ ☹
Man spricht hier Deutsch.

Partizip Perfekt
mit -n: ······· ☺ ☺ ☹
Gestern habe ich meine
Freundin angerufen.

Possessivartikel im
Nominativ zu Sie: ······· ☺ ☺ ☹
Ist das Ihr Auto?

Hilfsverb sein +
Partizip Perfekt: ······· ☺ ☺ ☹
Letzte Woche sind wir
an den Strand gefahren.

Artikel jed-: ······· ☺ ☺ ☹
Sie trainiert jeden Tag.

Adjektiv nächst-: ······· ☺ ☺ ☹
Nächsten Freitag besuche ich
meinen Freund Christian.

☺ Das kann ich gut!
☺ Das geht so.
☹ Das muss ich noch üben.

das Verb wollen: ······· ☺ ☺ ☹
Im Sommer wollen wir
in die USA fliegen.

Ich kann …

sagen, was mir
wehtut: ······· ☺ ☺ ☹
Ich habe Bauchschmerzen.

mich in der Höflichkeitsform
an jemanden wenden: ······· ☺ ☺ ☹
Herr Kröske, wie heißt
Ihr Sohn?

über Häufigkeit und Dauer
sprechen: ······· ☺ ☺ ☹
Frau Seibel isst zweimal
pro Tag ein Stück Obst.

über Gefühle sprechen: ······· ☺ ☺ ☹
Ich bin traurig.

über die Ferien
sprechen: ······· ☺ ☺ ☹
Ich bin in Andalusien gewesen.

von Vergangenem
erzählen: ······· ☺ ☺ ☹
Wir sind am Strand gewesen.

Was gefällt dir besonders in deinen Ferien?

Mal deine schönsten Ferienerlebnisse oder kleb Fotos ein.
Schreib dann einen kurzen Text dazu.

Transkriptionen

1 **Kapitel 1, A1** *Vergleiche Text, S. 6*

2 **Kapitel 1, A4**

Dialog 1

Junge 1: Welche Fächer magst du am liebsten, Christian?

Junge 2: Musik und Sport. In Musik und Sport schreiben wir keine Klassenarbeiten. Das ist super. Und du?

Junge 1: Ach, ich weiß nicht. An der Schule mag ich nur die Pausen. Da kann ich mit meinen Freunden sprechen.

Dialog 2

Junge: Puh, ich habe ganz viele Fehler im Diktat!

Mädchen: Naja, ich auch – und schon wieder eine schlechte Note!

Junge: Was hast du denn?

Mädchen: Eine Fünf.

Junge: Oje…

3 **Kapitel 1, C1**

1

Mama: Viktor, diese Bücher liegen hier schon seit einer Woche. Was mache ich mit ihnen?

Viktor: Oh Mann! Ich muss sie in die Bibliothek zurückbringen. Danke Mama.

2

Fabian: Hi Viktor! Hanna und ich wollen in der Sporthalle Basketball spielen. Spielst du auch mit?

Viktor: Hi, Fabian! Ja, gerne.

3

Claudia: Hallo Martina. Heute ist es so heiß. Kommst du mit schwimmen?

Martina: Ja, wann treffen wir uns?

Claudia: Um 15.00 Uhr am Schwimmbad?

Martina: Okay. Bis dann, Claudia.

4

Viktor: Papa, ich gehe im Park laufen. Um 18.00 Uhr bin ich zurück.

Vater: Gut. Dann gibt es Abendbrot.

Transkriptionen

5

Viktor: Claudia, heute läuft ein schöner Film. Kommst du mit ins Kino?

Claudia: Ja, gerne. Essen wir danach noch ein Eis?

Viktor: Ja, klar! Super Idee!

(4) **Kapitel 2, A1** *Vergleiche Text, S. 20*

(5) **Kapitel 2, A4 und A5**

Dialog 1

Viktor: Hallo Fabian. Wann fahrt ihr nochmal in die Schweiz?

Fabian: Nächsten Montag.

Viktor: Mit dem Auto?

Fabian: Ja genau.

Dialog 2

Opa: Hallo Viktor. Fährst du eigentlich mit dem Zug oder mit dem Bus nach Österreich?

Viktor: Hallo Opa. Mit dem Zug.

Dialog 3

Viktor: Hallo Hanna. Fahrt ihr mit dem Schiff nach Griechenland?

Hanna: Nein, wir fliegen mit dem Flugzeug. Wir fliegen am 15. August nach Korfu.

Dialog 4

Viktor: Hi Max! Wohin fährst du dieses Jahr in die Ferien?

Max: In die Türkei.

Viktor: Mit dem Auto?

Max: Nein, wir fahren dieses Jahr mit dem Bus.

(6) **Kapitel 2, B2**

Mama: Viktor, heute müssen wir Max am Bahnhof abholen. Wann kommt sein Zug an?

Viktor: Um 15.15 Uhr.

Mama: Wann fährt er denn in München los?

Viktor: Um 13.45 Uhr.

Mama: Muss er umsteigen?

Viktor: Ja, einmal, in Stuttgart.

Mama: Hat er schon eine Fahrkarte?

Viktor: Ja. Er hat sie gestern gekauft.

Mama: Dann fahren wir jetzt los.

Transkriptionen

7 **Kapitel 2, B3**

Ansage 1
Achtung an Gleis 1. Der Regionalexpress 4034 nach Hamburg fährt mit 5 Minuten Verspätung ab. Neue Abfahrtszeit des Regionalexpress 4034 nach Hamburg: 19.25 Uhr. Vorsicht bei der Abfahrt.

Ansage 2
Meine Damen und Herren. Achtung an Gleis 6. Um 9.10 Uhr fährt der Intercity nach Frankfurt ab. Bitte steigen Sie ein. Vorsicht an den Türen.

Ansage 3
Liebe Fahrgäste. Wir erreichen in wenigen Minuten Leipzig Hauptbahnhof. Der Zug kommt pünktlich um 11.40 Uhr in Leipzig an und endet dort. Fahrgäste bitte alle aussteigen.

Ansage 4
Achtung, Achtung. An Gleis 4 Zug aus Köln in Richtung Dortmund fährt um 22.20 Uhr ab. Fahrgäste bitte einsteigen. Ich wiederhole: Gleis 4 Zug aus Köln fährt in Richtung Dortmund um 22.20 Uhr ab.

8 **Kapitel 2, B5**

Ansage 1
Und heute das Spiel 1. FC Köln gegen Borussia Dortmund um 15.30 Uhr. Der Spaß ist garantiert. Vergessen Sie nicht: 15.30 Uhr bei Ihrem Lieblingsfernsehkanal.

Ansage 2
„Alice im Wunderland" läuft von Montag bis Sonntag. Sie können diesen wunderschönen Film täglich um 20.10 Uhr sehen.

Ansage 3
Liebe Fahrgäste. Der Bus 341 nach Bielefeld fährt um 11.20 Uhr ab. Bitte einsteigen.

Ansage 4
Das Deutsche Museum ist leider geschlossen. Wir informieren Sie gerne morgen wieder ab 8.45 Uhr. Vielen Dank für Ihren Anruf.

Ansage 5
Achtung an Gleis 5. Intercity 77 nach Düsseldorf kommt um 13.15 Uhr an. Ich wiederhole: Gleis 5, Intercity 77 nach Düsseldorf, Ankunft um 13.15 Uhr.

9 **Kapitel 2, C2**

1: Hallo, ich heiße Fabian. Ich werde am 11. Oktober 13 Jahre alt. Ich mache mit meiner Schwester Vanessa eine große Party zusammen. Warum? Sie hat am 12. Oktober Geburtstag. Super, oder?

2: Hallo, ich bin Hanna. Ich habe am 1. Mai Geburtstag. Mein Bruder Jannick hat leider Pech. Er hat am 25. Dezember Geburtstag. Naja, das ist aber kein Problem für ihn. Er feiert seine Geburtstagsparty einen Monat später, am 25. Januar.

Transkriptionen

10

Kapitel 2, D1

Dialog 1

Mama: Viktor hat bald Geburtstag. Was können wir ihm schenken?
Vater: Ein Fahrrad.
Mama: Ein Fahrrad? Das ist eine gute Idee.
Vater: Ich habe schon geschaut. Am Samstag können wir zusammen in die Stadt gehen. Dann zeige ich dir das Fahrrad.
Mama: Oh ja, das wird eine große Überraschung!

Dialog 2

Vater: Viktor! Hilfst du mir gleich beim Einkaufen? Wir brauchen noch Orangensaft und Cola für die Party.
Viktor: Na klar. Backst du auch einen Kuchen für mich?
Vater: Natürlich. Außerdem gibt es Salat, Würstchen und Überraschungen.
Viktor: Mmmh, Würstchen… Da helfe ich dir gern!

Dialog 3

Opa: Hallo Viktor. Freust du dich schon auf deinen Geburtstag am Samstag?
Viktor: Ja. Kommst du zu meiner Party?
Opa: Ja, klar! Hast du einen Wunsch?
Viktor: Ich weiß nicht…
Opa: Na ja. Ich kaufe dir einen Basketball. Du spielst doch gern Basketball, oder?
Viktor: Toll. Ich freue mich. Vielen Dank!

Dialog 4

Viktor: Hi Hanna. Am Samstag mache ich eine Geburtstagsparty bei mir im Garten. Kommst du?
Hanna: Sicher! Was brauchst du für die Party?
Viktor: Ich muss noch überlegen.
Hanna: Schreib mir doch einfach eine Nachricht.
Viktor: Okay, gute Idee.

11 **Kapitel 3, A1** *Vergleiche Text, S. 34*

12 **Kapitel 3, A3**

Dialog 1

Anelya: Viktor, hast du Geschwister?
Viktor: Ja, eine Schwester. Sie heißt Claudia.

Anelya:	Ist sie auch in Österreich?
Viktor:	Nein, sie ist zu Hause. Sie besucht in Karlsruhe einen Tanzkurs.

Dialog 2

Mama:	Hallo Viktor, wie geht's dir?
Viktor:	Hallo Mama! Mir geht's super hier! Mama, ich habe leider keine Zeit. Kann ich dich später anrufen?
Mama:	Später kann ich nicht. Wir sind bei Opa Kaffee trinken. Wir sprechen lieber morgen. Tschüss.
Viktor:	Tschüss.

Dialog 3

Darko:	Viktor, was machst du nächsten Sommer?
Viktor:	Hmm. Nächsten Sommer? Ich weiß noch nicht.
Darko:	Wir können uns doch in Pula treffen. Ich fahre meistens zu meinen Großeltern nach Kroatien.
Viktor:	Das wäre schön, aber das ist leider zu weit.
Darko:	Schade.

Dialog 4

Fabian:	Hi Viktor!
Viktor:	Hallo Fabian, wie geht's dir in der Schweiz?
Fabian:	Prima! Hier ist alles sehr schön und der Bauernhof macht total viel Spaß.
Viktor:	Bist du bei deinen Großeltern?
Fabian:	Ja, aber morgen fahren wir zu meinem Onkel. Er wohnt in Zürich.
Viktor:	Ach so! Gute Reise dann!

13 **Kapitel 3, B3**

Viktor:	Hallo Max. Wie geht's?
Max:	Hallo Viktor. Gut, danke. Was macht dein Camp?
Viktor:	Es ist wirklich toll. Hier habe ich schon viele Freunde.
Max:	Das ist super. Wie heißt dein Zimmerkamerad?
Viktor:	Er heißt Darko. Er ist sehr sportlich und kommt aus Österreich.
Max:	Aha. Was macht ihr so?
Viktor:	Wir spielen abends Karten.
Max:	Genial. Hast du Freunde aus anderen Ländern?
Viktor:	Ja. Vassili kommt aus Griechenland. Mit ihm haben wir viel Spaß. Er ist nämlich sehr lustig. Er ist klein und dick.
Max:	Und die Mädchen? Wie sind sie?

Viktor:	Hmmm. Petra aus Tschechien nett. Sie ist groß und spielt sehr gut Basketball. Und Anelya...
Max:	Wer ist denn Anelya?
Viktor:	Also, Darko und Anelya sind meine besten Freunde. Sie kommt aus Russland und ist totaaaal süß.
Max:	Oh, oh. Viktor, ich glaube, du magst Anelya...?
Viktor:	Wer? Ich? Ach, das ist doch Quatsch!

14 **Kapitel 3, C3**

Viktor:	Hallo Fabian!
Fabian:	Gruezi! Na, wie geht's dir im Camp?
Viktor:	Super, hier gibt es nette Leute.
Fabian:	Toll, das freut mich. Auf dem Bauernhof gibt es viel Arbeit. Hier muss ich meinen Großeltern helfen. Einmal pro Tag füttere ich die Tiere. Das ist lustig. Sie haben immer Hunger.
Viktor:	Gibt es bei euch auch Schweine?
Fabian:	Nein, Schweine gibt es bei uns nicht. Und wie sieht es bei dir aus?
Viktor:	Bei uns gibt es jeden Tag Training. Es gibt einen großen Sportplatz. Außerdem kann man bei uns auch kickern oder Fahrrad fahren. Es gibt auch Tischtennis und Minigolf.
Fabian:	Wie schön! Am Wochenende gehen wir in die Kirche und dann gibt es Kaffee und Kuchen. Und du? Was machst du am Wochenende?
Viktor:	Manchmal gehen wir schwimmen. Bei uns gibt es ein Schwimmbad. Und bei dir?
Fabian:	Bei uns gibt es einen See. Nach der Arbeit gehe ich oft schwimmen. Was machst du denn sonst noch?
Viktor:	Jeden Samstag gehen wir im Wald wandern und am Sonntag gibt es immer ein Spiel. Nächsten Sonntag ist das Finale.
Fabian:	Das ist super. Gibt es bei euch gutes Essen?
Viktor:	Leider nicht, aber zum Schluss gibt es eine Party mit Würstchen, Pizza und Salaten. Und gibt es bei dir gutes Essen?
Fabian:	Ja, klar. Meine Oma kocht wunderbar.

15 **Kapitel 4, A1** *Vergleiche Text, S. 48*

16 **Kapitel 4, A3 und A4**

| Viktor: | Entschuldigung, können Sie uns helfen? |
| Frau: | Ja, gerne. |

Viktor:	Wir suchen den Domplatz.
Frau:	Den Domplatz. Oh, das ist sehr weit von hier. Ihr müsst viel laufen.
Anelya:	Kann man mit dem Bus dorthin fahren?
Frau:	Ja, aber schneller ist die Straßenbahn. Ihr geht von hier zum Bahnhof. Er ist gleich da vorne! Dort nehmt ihr die Straßenbahn Linie 3 und fahrt bis zum Marktplatz.
Anelya:	Und dann?
Frau:	Dann geht ihr rechts in die Herzog-Friedrich-Straße und dann links in die Pfarrgasse. Dort ist der Domplatz.
Viktor:	Also, am Bahnhof steigen wir in die Straßenbahn Linie 3 um. Wir fahren bis zum Marktplatz und dann laufen wir rechts in die Herzog-Friedrich-Straße und dann links in die Pfarrgasse. Dann sind wir am Domplatz.
Frau:	Genau.
Anelya und Viktor:	Vielen Dank!
Frau:	Bitte, bitte!

17 Kapitel 4, B3

Vassili:	Komm Viktor, schnell! Wir brauchen die drei Punkte.
Viktor:	Okay Vassili. Hier bin ich. Gib mir den Ball.
Vassili:	Nimm ihn mal. Und jetzt zurück zu mir!
Vassili:	Aua!! Mein Arm…
Viktor:	Oh! Hast du dich verletzt?
Vassili:	Ja, ja, ich habe Schmerzen.
Viktor:	Wo denn? Tut deine Hand weh?
Vassili:	Nein, mein Arm tut weh.
Viktor:	Oh nein! Da kommt Herr Kröske, unser Trainer. Bleib hier liegen. Dein Arm wird ganz rot.
Herr Kröske:	Vassili, was ist los?
Vassili:	Mein Arm tut weh. Ich kann nicht mehr spielen.
Herr Kröske:	Lass mich bitte schauen…. Hmm. Komm mit. Wir fahren zum Arzt.
Vassili:	Müssen wir unbedingt zum Arzt? Ich mag Ärzte überhaupt nicht.
Herr Kröske:	Ja, du brauchst einen Verband. Vielleicht ist dein Arm auch gebrochen.
Vassili:	Ach nein…
Herr Kröske:	Ich rufe noch deine Familie an. Ich erzähle deinen Eltern von dem Unfall.
Vassili:	Okay. Danke.
Viktor:	Hey Vassili, ich komme mit dir zum Arzt.
Vassili:	Sehr gute Idee, Viktor. Mit einem Freund ist es gar nicht so schlimm.

Notizen

Quellenverzeichnis

S.5: Ball: Zacharias Papadopoulos, Athen
S.6: Zeugnis: Michael Mantel, Barum; alle Smileys: © fotolia/DigiClack
S.11: D: Mascha Greune, München
S.12: Alle Smileys: © fotolia/DigiClack
S.18: Schule: Gisela Specht, Weßling
S.20: Alle Smileys: © fotolia/DigiClack; Bauernhof: Maike Hettinger, Stuttgart
S.21: A © fotolia/Eray; B © fotolia/Eric Gevaert; C © Thinkstock/iStockphoto; D © PantherMedia/ Jacek Tarczyński; E © Thinkstock/iStock/jgroup; F © fotolia/Wolfgang Jargstorff; G © Thinkstock/ Hemera; H © fotolia/Olga D. van de Veer
S.22: 4: Monika Horstmann, Hamburg
S.23: Alle Smileys: © fotolia/DigiClack
S.24: A: Lutz Kasper, Köln; B: Gisela Specht, Weßling; D: Monika Horstmann, Hamburg
S.27: 2: Cornelia Seelmann, Berlin; 4: Gisela Specht, Weßling
S.28: Herzchen, CDs: Monika Horstmann, Hamburg; Würstchen: © Ute Ohlms; Schwimmbad: Michael Mantel, Barum; Badehose: Bettina Kumpe, Braunschweig; Bikini: Beate Fahrnländer, Lörrach
S.32: Tanzparty: Bettina Kumpe, Braunschweig
S.34: Smiley: © fotolia/DigiClack; WC: Maike Hettinger, Stuttgart
S.36: ÜB1: B, H: Zacharias Papadopoulos, Athen; ÜB3: Flaggen A–D: © Fotolia/noche; D: Imke Trostbach, Berlin
S.41: Schwein: Mascha Greune, München
S.43: A © Thinkstock/iStockphoto; B © PantherMedia/Brigitte Götz; C © Christian Schwier - stock.adobe.com; D © Shutterstock. com/JuliusKielaitis; E © fotolia/AUFORT Jérome; F © Getty Images/iStock/RudyBalasko
S.44: Globus: Maike Hettinger, Stuttgart; Stadtplan © Adam Larkum; Landschaft: Bettina Kumpe, Braunschweig

S.45: Alle Smileys: © fotolia/DigiClack
S.46: Bauernhof: © ake1150 - stock.adobe.com; Smiley: © fotolia/DigiClack
S.48: Eisdiele: Maike Hettinger, Stuttgart; alle Smileys: © fotolia/DigiClack; Medaille: © jabkitticha - stock.adobe.com
S.49: erste Reihe von links: © PantherMedia/ Paparazzi.tv; © topntp - stock.adobe.com; © Schlierner - stock.adobe.com; zweite Reihe von links: © Getty Images/iStock/shura72; © Getty Images/iStock Unreleased/ KenWiedemann; © KenWiedemann – stock.adobe.com
S.50: ÜA5: Burg: Beate Fahrnländer, Lörrach; Clown: Virginia Azañedo, München; A © estivillml - stock.adobe.com; B © leachim85 - stock.adobe.com; C © saiko3p - stock.adobe.com; D © Getty Images/E+/Freder
S.52: Alle Körperteile: Maike Hettinger, Stuttgart
S.54: © vectorikart - stock.adobe.com
S.57: Alle Smileys: © fotolia/DigiClack; Ball: Zacharias Papadopoulos, Athen
S.58: letzte Illu von links: Cornelia Seelmann, Berlin
S.60: Alle Smileys: © fotolia/DigiClack

Zeichnungen: Rosa Linke, Weimar; Jörg Saupe, Düsseldorf
Bildredaktion: Ahmadullah Dardmanesh, Hueber Verlag, München
Sprecher_innen: Thomas Albus, Raphael Baumgartl, Sara Bitala, Stefanie Dischinger, Juri Koop, Violetta Meierhofer
Produktion: Atrium Studio, 81379 München, Deutschland